Einer Literatur, in deren Sprache die Gedichte Jan Skácels fehlen, fehlt ein Stück menschlichen Horizonts. Reiner Kunze, 1973

Über dieses Buch Die Gedichte des tschechischen Lyrikers Jan Skácel sind formenreich und voller Bilder. Seine Lyrik geht vom Einfachsten aus und hat doch die letzten Dinge zum Thema: die fließende Zeit, die Angst, den Tod und das Wissen um eine immer bedrohlicher werdende Sprachlosigkeit.

Wie Trakl und Huchel läßt er die Natur immer wieder für die Wünsche und Ängste des Menschen einstehen. Das macht diese oft nüchternen und immer genauen Gedichte so leicht und zugleich so geheimnisvoll. Peter Handke sagte anläßlich der Verleihung des Petrarca-Preises 1989 an Jan Skácel: »Ich habe nicht alle der in etwa vier Jahrzehnten entstandenen Gedichte Skácels lesen können, und alle die, die ich las, nahm ich, bis auf eines, nicht im originalen Tschechischen auf, sondern in der, scheint mir, märchenhaft glücklichen deutschen Übersetzung Reiner Kunzes: Doch haben die hundert und mehr mich beseelenden und mich ihren Gegenständen einverleibenden Skácel-Poeme (ja, nicht der *Leser* hat *sie* sich einverleibt, sondern umgekehrt) genügt, der Poetik des großen tschechischen Dichters innezuwerden.«

Der Autor Jan Skácel, 1922 in Znorovy u Strážnice (Südmähren) geboren, war Literaturredakteur im Tschechoslowakischen Rundfunk und von 1963 bis zum Verbot der Zeitschrift ›Host do domu‹ 1969 deren Chefredakteur. Bis 1969 veröffentlichte er fünf Gedichtbände und einen Prosaband. Danach 13 Jahre Publikationsverbot. 1981 wurde erstmals wieder eine Auswahl seiner Gedichte in der ČSSR herausgegeben. 1967 erschien auf deutsch der Gedichtband ›Fährgeld für Charon‹ (Neuausgabe 1989). Skácel war korrespondierendes Mitglied der Bayerischen Akademie der Schönen Künste. Er wurde 1989 mit dem Petrarca-Preis und mit dem Virenica-Preis, dem bedeutendsten Preis für Lyrik in Jugoslawien, ausgezeichnet.

Jan Skácel
wundklee
gedichte

Ins deutsche übertragen und
mit einem nachwort versehen von
Reiner Kunze

Mit der laudatio auf
Jan Skácel
zur verleihung des Petrarca-Preises von
Peter Handke

Fischer
Taschenbuch
Verlag

6.–10. Tausend: Dezember 1989

Veröffentlicht im Fischer Taschenbuch Verlag GmbH,
Frankfurt am Main, September 1989

Lizenzausgabe mit freundlicher Genehmigung des
S. Fischer Verlages GmbH, Frankfurt am Main
© S. Fischer Verlag GmbH, Frankfurt am Main 1982
Die Laudatio von Peter Handke
wurde mit freundlicher Genehmigung des Autors abgedruckt
Alle Rechte liegen beim Autor
Umschlaggestaltung: Buchholz / Hinsch / Hensinger
Abbildung: František Kupka, ›Klaviatur (Der See)‹, 1909
© VG Bild-Kunst, Bonn 1989
Gesamtherstellung: Clausen & Bosse, Leck
Printed in Germany
ISBN 3-596-10129-8

Meiner frau, der wegbereiterin und wegbegleiterin
nicht nur dieser übersetzungen

R. K.

alles schmerzt sich einmal durch bis auf den eignen grund

alles schmerzt sich einmal durch bis auf den eignen grund
und die angst vergeht
schön die scheune die nach längst vergangnen ernten
leer am wegrand steht

eine gegend wie vom brot der kanten
ein bettelranft im dunkeln noch erstanden
gegend seit jeher   seit menschengedenken
berührt geknetet von menschenhänden

die laubigen laubfrösche bitten laut
(der morgen stellt sich häufig taub und blind)
mit laub auf den stimmen mit zungen betaut
für alle die im herzen barfuß sind

kindheit ist das was irgendwann
gewesen ist und aus dem traum nun hängt
ein faden fesselrest den man
zersprengen kann und nie zersprengt

um viel geht's nicht   sich steine regnen lassen
                          ins gesicht
ohne daß die seele sich verletzt
und das ganze leben regnet es granit
daß es dir die haut vom leibe fetzt

willst du nicht steinigen
mußt du ein stein in deinem herzen sein
und so erbarmen dich der deinigen
nie warf ein stein mit einem stein

auf daß sie uns nicht hören
wenn sie vorbeigehn mit der lüge
und wir nicht gezwungen seien
auf die rose falsch zu schwören

noch sind die straßen lebendig freund
noch ist es früh
sie schlagen deinen stolz ans kreuz und du
läufst nach dem hammer für sie

wir haben die stille vergessen   sie konnte nicht
                                                    bestehn
ohne liebe   zur strafe haben wir verlernt
die pfade der pfauenaugen zu sehn
den schulkindern so vertraut wenn der sommer sich
                                                    entfernt

ein banges sehnen überkommt mich gegen abend und ich
fürchte mich
sei mir nicht bös ich habe wie ein kleiner junge angst
warum kann ich nicht sagen   sie hat so große augen
diese angst
sie ist wie eine katze   im dunkeln sieht sie dich

erfindbar sind gedichte nicht
es gibt sie ohne uns   irgendwo seit
irgendwo hinter   sie sind dort in ewigkeit
der dichter findet das gedicht

allein ohne etwas und am ende vergebens
die ganze wahrheit von gestern – wer hat sie an
                                        unserstatt
wie der brunnen erschöpft wenn die scheune brennt
bin ich am ende des lebens

selbst der fluß lethe wird gefrieren
(wer zweimal stirbt wird ewig leben)
wenn die zu lebzeit totgeschwiegnen dichter
zufuß sich auf den weg begeben

und nicht wahr ist's daß das leben uns betrügt
weil das schicksal eine münze ist die lange fällt
ob der adler fällt oder der kopf
wird sich zeigen wenn sie auf der erde liegt

aufrecht gehn gedichte die erwachsen sind
vierzeiler aber wie meine hier
kommen auf allen vieren zu mir
wie lämmer und esel   oder wie ein kind

laß schon sein   räum im gedicht
für immer auf wie eh und je
und lösch im haus das licht
und geh schon schlafen geh schon geh

die menschen nehmen einander wegen der stille

die menschen nehmen einander wegen der stille
man hört sie nur zu zweit   anders nicht
und anders erdrückt sie   anders bricht
der mensch zusammen unter der stille

wir sind bettler und wolln wenig
und reicht uns einer einst ein wort
so selbstverständlich wie das wasser
gehn wir in warme länder fort

leuchtkäfer   laternen haben sie
und kleine feuersteine   ist die nacht gekommen
schlagen sie funken   sie leuchten uns
und nacht ist oft   die nacht hat uns genommen

wir sind wieder stumm   die abgewetzte
wiege der sprache ist leer
wer jetzt die stille berührt gibt der wiege
vergebens schwung   sie hat keinen boden mehr

den rand mag er verfehlen   der dichter setzt
zur wehr sich wie die biene
und schenkt das eigene sterben
dem den er verletzt

gefallne engel auferstehen nie
sie werden schwarz   im lichtschacht spinnt
ihr netz die spinne   und finden sie
die schuld nicht suchen sie den schuldigen

und regen fiel   und er war schwer
und so allein   und namenlos war er
ein nagel jeder tropfen der er war
kaltgeschmiedet   alles falschen bar

meist ist auf dem heller eine jungfrau eingeprägt
die in ihrer unschuld für den staat steht   und sie sieht
wie so mancher junge münzen in der hosentasche trägt
nahe dem erschrocknen glied

in den scheunen trocknet aufgehängte stille
die bären meiner träume nahmen alle bienenstöcke aus
die zeit blieb stehn in ferner zukunft
und bleibt vergangen auf der tenne hinterm haus

überlassen wir sie ihrer schande
vom schweiß des angesichts die seele salzig
werden wir warten abseits der geige
nicht geladene und nicht erkannte

die häuser am holunder tun dir leid
all ihre wunden möchtest du verbinden
nacht ist's   in den höfen duften die linden
wie eine ratte nagt am putz die zeit

zurückzukehrn vom apfel in die blüte
blieb uns keine kraft
wir dankten ende september
und beteten im dezember

so viel trauer gibt's   man kann sie heben
und ein haus am meeresufer baun aus ihr
und dem butt versperrn die tür
solange menschen leben

die stummen worte werde ich mir von den fischen leihn
unter wasser werde ich sie sagen stumm und schön
und ich werde ohne mitleid sein
wenn sie vor allen ufern untergehn

fordern wir für all den schmerz nicht mehr
noch weniger   halten wir
zwischen den lippen die rose   glück
gibt's nur für tote und für kinder hier

vor der für immer letzten pforte
wenn man hinübersieht
kehrt zurück die kinderträne
und kullert unters lid

mit dem mund an der nachtangel hängend wie ein fisch

NACHTANGEL

Mit dem mund an der nachtangel hängend wie ein fisch
warte ich bis am morgen die angler kommen
und im grase nach den ausgelegten schnüren suchen
werden

    Lang ist diese nacht Von allen die längste

Und das wasser fließt es fließen nacht und sterne
die im frühjahr unterspülten ufer stürzen ein
erde bricht nieder in den schwarzen buchten

    Lang ist diese nacht Von allen die längste

Nur in den kuhlen versprechen die kleinen bäuche der
kiesel
die ankunft des tags und am waldrand verhallt
der schuß der weiße schuß und rehe fliehen

    Lang ist diese nacht Von allen die längste

Gefangen am mund und am schmerz wie ein fisch
warte ich bis früh die guten angler
das ufer abgehn und nach zeichen suchen werden

    Lang ist diese nacht Von allen die längste

VERBOTENER MENSCH

Alles was ich besitze hab ich nach innen gewendet
und es ist von der anderen seite der tür wie die krawatten
an der rückwand innen im kleiderschrank

Allmählich gewöhne ich mich an die stille und die gerüche

Mir gelingt's eine kleine feder aufzulesen aus dem
                                                schlamm
und sie nicht wieder wegzuwerfen

Und nicht grundlos sage ich dem donner du

Manchmal erzähl ich mir eine geschichte
und ein andermal singe ich für mich ein liedchen
Davon daß wir beine haben nur damit sie schmerzen
und eine seele damit sie durchhält

Und wieder bin ich unhörbar unhörbar wie das licht

So bis ins einzelne befasse ich mich mit der stille
daß ich dem tastsinn folgend die angst durchschneide

Die fremde und die eigene

Und deshalb scheint's ich gehöre zu ihnen
wenn blinde sich umdrehn

Gemeinsam ziehen wir im finstern uns durchs nadelöhr

DIE DIE SICH SELBST VERBOTEN HABEN

Solche gibt's die leergewollt sind
nur noch durchs schlüsselloch zu existieren
und gefangen auf ihren eigenen birnen
den nicht sehr süßen
lehnen sie es ab sich zu erlösen und den zaun zu
                                        überspringen

Sie klettern nicht vom baum eher legen sie den kopf
so entschieden in den nacken
daß sie für immer hängen bleiben
dem stiefhimmel ein wenig näher

Und sie werden ausgesetzt sein dem blick durchs geäst
wenn rings um die körper das laub abfällt

Die naturkunde der verluste wird sie einmal erwähnen
angeblich mit gewissem bedauern
und wie eine unerbittliche seltenheit
wird erinnerung auf erinnerung gelegt werden
ins nichtgedächtnis der welt

Und die welt ist ein ei

Der gierige iltis zeit hat den dotter schon ausgeschlürft
und die barthärchen von eiweiß klebrig
ragt er mit zwei strichchen in den raum

LIED VON DER ALLERNÄCHSTEN SCHULD

Ein brünnlein gibt es voller blut
und jeder trank einmal daraus
der eine schlug die beutelmeise tot
der andre schonte nicht im eignen haus

Dann tat's ihm leid und auf die hand
nahm wasser er und hielt's ans licht
und fürchtete sich sehr Sich durchzufürchten
ach gelang ihm nicht

Hielt's in der hand es festzuhalten
gelang mein gott den fingern nicht
er brach daß man ihn steinige
den stein den man für immer bricht

und bot ihm dar das angesicht
sich durchzufürchten doch gelang ihm nicht
Ein brünnlein gibt es voller blut
an dem ein jeder schon geruht

REDE

Immer gibt es das irgendwo
mein alter dichter
Zumindest bekennen wir uns noch dazu
Und heute ist es hier
in Kunštát auf dem friedhof
den Sie sich auserkoren haben

Und herbst ist's mit allen trompeten
irgendein jahrestag ist
und nasse aufgeräumte felder gibt's
und vögel
die hier überwintern
Und auch wir sind hier

Und mit solchen befürchtungen

Aber keine angst
jener deren muse nicht betteln geht von tür zu tür
sind schon einige hier bei uns
die auch den kopf hinhalten
ehe sie für immer verstummen
wenn sie schon das wissen

Und Sie fehlen uns sehr mein herr
Und glauben Sie
wenn Sie wissen wollten
was aus uns geworden ist
wenn es möglich wäre daß Sie's wissen wollten
würden wir mit Ihren worten sagen
unglücklich glückliche

Es ist schrecklich
wie Sie das alles allein gesagt haben
wie Sie das für uns gesagt haben
So schrecklich und unbarmherzig
enthoben Sie uns des wortes

Sie sagten das gedicht das NIRGENDS heißt
und ich werde Ihnen nur hier widersprechen
in Kunštát auf dem friedhof
Ich werde nicht das wappen tragen des wortes NICHTS

Immer gibt es das irgendwo
mein alter dichter
Und herbst ist's mit allen trompeten
irgendein jahrestag ist
und nasse aufgeräumte felder gibt's
und vögel
die hier überwinterten
Und auch wir sind hier

Wir sind nicht abgefallen
auch wenn wir fast betteln gingen

BESUCHE

Böse hirschkühe kommen auf unseren hof
kommen und stehen herum und neigen die schönen köpfe

Ein unbekannter geruch flößt ihnen grauen ein
sie kosten die angst wie einen weißen brocken salz

Mit klopfendem herzen atmen sie in unseren traum
und ziehen vom himmel das heiße heu der sterne

Und wenn sie wieder weggehn hinterlassen sie im staub
abdrücke böser und harter kleiner hufe

Rudel böser hirschkühe kommen auf unseren hof
warten die ganze nacht und gehen fort am morgen

STRASSENKEHRER

An einem gürtel kaum für den kleinen finger
das an trost
was sich als sandkorn bringen läßt
vom meeresgrund

Und mehr schon nicht Und möglicherweise nicht einmal
                                        das

Und jeder hofft daß er den tod beschäftigen
und ihm die hände voll zu tun geben wird
Soll er losziehen
mit und ohne beine
soll er losziehen wenn er nur nicht bis zu einem
                                        selbst kommt

Und sie wollen vergebens So viel wollen sie
das gedächtnis möchten sie zermalmen wie schotter
und der wahrheit das geschlecht zulöten

Aus jedem ohr hängt ihnen
an grobem faden der schwamm

Auch wenn die rosen laut blühen würden
und das wasser ans ufer baden ginge
gäbe es nach ihrem willen keine kindheit
keine gegend mit der hohlen freiheit der halme

Auch wenn die rosen laut blühen würden

Wie wachsam die versammlung der henker ist
von denen jeder hofft

WAHRSAGEN AUS EINER TOTENHAND

In der lebensfurche wird der schweiß nun schwarz
erkaltet
aus den dachluken hängen ruhmreich hoheitsvolle
trauerfahnen

und vergebens ist's dem toten
die zukunft aus der hand zu lesen

wenn er nicht einmal den tod nicht einmal ihn
von der hand wischen kann

WINZIGE UND SORGSAM GEORDNETE VERRATE

Wenn wir die sehnsucht verspüren werden gottes wange
                                        zu streicheln
werden sie uns kläglich sagen
gott sei hoch und wohne bei den glocken

Und sie werden behaupten
der galgen dürfe keinen schatten werfen auf fremdes
                                        gebiet
Nicht einmal dann
wenn sie an ihm das herz erhängten

Sie werden das noch wiederholen
wenn uns der regen wie eine stille nasse provokation
in der ortschaft mit dem schönsten namen der welt
                                        verhaften wird
In der gemeinde Fiedel

Und sie werden hartnäckig darauf bestehen
bis wir an den fingern der hand riechen werden
die den tod zerrieb wie eine eisenmotte

Dann aber werden wir nießen
und die wolfshochzeiten hinter uns haben

DAS BEGRÄBNIS DES K.

Ein wenig bin ich mir dessen fast sicher
daß wir ihn schön bereden werden
auf dem heimweg von seiner beerdigung
weil es sich so gehört
und weil wir nur menschen sind

Wir werden sagen ganz so schlimm war er nicht
so viele dinge quälten ihn auf dieser welt
sogar das gewissen
er arbeitete nachts und es graute ihm vor dem tag
und habt ihr gesehn
wie vom gesicht ihm schlangen krochen

Selbstverständlich werden wir das alles leise sagen
sehr leise
denn auf einem solchen begräbnis ihr wißt doch
da weiß man nie
selbst daß er eine gute mutter hatte
und begabte kinder
wir werden diese worte wägen
aber keine ruhe wird's uns geben
und wir werden ihn schön bereden
zwischen krematorium und straßenbahn

Überhaupt hatte er's nicht leicht der arme kerl werden
                              wir sagen
er wußte alles über uns
und dachte immer daß er's für die menschheit tut
habt ihr bemerkt
daß er als er so im sarg lag
an einen defekten röntgenapparat erinnerte

Das werden wir einander nur noch flüsternd sagen
und wieder und wieder werden wir uns umblicken
Jeder muß einmal dorthin werden wir sagen
der eine früher der andere später
er hatte keinen leichten tod ihr wißt doch so viele
                              augen
was das für arbeit gibt so viele augen zu schließen
und jedes von anderer art . . .

(In diesem augenblick wird sich das kleine pendel
                    unserer eigenen furcht
schneller bewegen
wir werden einen schritt zulegen
da – schon haben uns die traurigen hinterbliebenen
                              eingeholt
gekleidet in purpur
wir werden den hut lüften und worte des beileids
                              murmeln
über tote nur gutes was sonst
er hat's schon hinter sich
so ein schönes begräbnis und so viele weiße rosen)

Wie sie Beethoven spielten

DER FISCH DER ÜBER DIE BRÜCKE GEHT

Und wie musik beenden oder ein gedicht
ohne eine kleine menschliche lüge
Wenn's eine schöne behauptung ist
daß wahrheit über die brücke geht wie der fisch

Und aus welchen ziegeln werden wir die kleine brücke
                                        mauern
wo das eselchen uns stehlen gegen morgen
das rosa eselchen auf daß es schreit
und die sonne begrüßt

Herrn Mozarts winzig kleine nachtmusik
und noch etwas dazu
so nah den kindern den ach so verzweifelten
so nah dem fisch der über die brücke ging

NICHTGEDICHT

In gegenwart dieses nichtgedächtnisses
wenn das gedicht nein und nicht anders sagt
und das nichtsagen herrscht
und das nichtabsehen der worte
und der vers ist das nichterlangbare
wird uns das nichtachten zum nichtgedicht führen

Und die nichtscham solcher behauptung
zwingt uns in nichthäusern zu wohnen
Der nichtvogel unter den fenstern
so eingeschneit im nichtlaub
singt nicht vergebens singt nicht

(Wenn das gedicht nein und nicht anders sagt
und das nichtsagen herrscht
und das nichtabsehen des wortes
und das nichtsterbliche
in gegenwart dieses nichtgedächtnisses)

SICKERGRÜNDE

Vielleicht haben wir so großen durst verdient
gut ist alles was zur rechten zeit kommt
auch die langeweile der spitzel

Da wir uns entschlossen haben schweigend zu betteln

Und vor schrecklich langer zeit war die stille
liebenswürdig wie gute bogenschützen
Bis heute tönt mir im ohr das muhen der turteltauben

Schön wär's lücken in den lärm zu schneiden
ehe sie dich
um das einbrecherwerkzeug deiner seele bringen

Zuletzt werden wir enden als zeitgenossen der stille
und wenn sie uns begraben werden in der hälfte des
                                    berges
werden in den trockenen ebenen die bizarren tänze
                                    der trappen
fortdauern den ganzen sommer

immer wenn du abends aufbettest

AUFBETTEN

Immer wenn du abends aufbettest
stehe ich schweigsam am fußende des betts
und frage mich im geist wer einmal uns beiden
das letzte bett richten wird

jenes ganz aus erde wir haben ein anrecht darauf
erworben durchs leben und keine menschliche lüge
kann es uns nehmen das sag ich mir im stillen
und lehne mich still ans bettgestell

ENGEL

Liefre ich euch alle meine teufel aus
verlassen mich mit ihnen meine engel

Ich werde einsam sein und es bereun
und nach hoffnung mich verzehren

Und vergebens werden von den eingestürzten
                           glockentürmen
hölzerne glocken läuten für mich

Grüner schnee wird nicht zu ende schnein
und kein weißer engel wiederkehren

UNRECHT

Eine sonderbare uralte sehnsucht erfüllt mich vor
                                    scheunen
Mehr als du denkst habe ich sehnsucht
wenn der juli kommt und kornbestreute wege
uns hinausführen aus der stadt

Was weiß denn ich Auch über das kleine skelett
                                    eines spatzen
eingedrückt in aufgeweichten asphalt
beuge ich mich wie über die wasser des meeres
An dich denke ich
wenn sie den sommer in garben begraben

In der luft erdölübersättigt um nicht zu lügen
wiederhole ich deinen namen wie eine rettung
weil ich muß Weil ich mit dir mich fürchten kann

TRAUERN

Drei große trauern gibt's auf dieser welt
drei trauern groß und niemand weiß
wie diesen großen trauern aus dem weg gehn

Die erste trauer Ich weiß nicht wo ich sterben werde
Die zweite trauer Ich weiß nicht wann das sein wird
Und die letzte Ich weiß nicht wo ich mich in jener welt
                                        befinden werde

So hörte ich's im lied Lassen wir es so
lassen wir es wie das lied es singt Haben wir den mut
nach der angst zu fassen wie nach einer klinke und
                                        einzutreten

REISENDE IN DER NACHT

Diebstähle der götter weckten uns nahe mitternacht
Wir tasten um uns herum
und verschlafen fordern wir auskunft
für wieviel die nacht kühl ist

Der traum bleibt zurück
wie nicht zerbrochene eier auf dem felsen

Und das ist der augenblick da es uns von uns selbst
träumt
und der kentaur den kopf einer taube hat

Mit welchen herbsten werden wir uns
in die speise der hirsche teilen
wir
die wir reisen in der nacht
und mit so schläfrigen stimmen fragen

Und über dem abgrund der uns gehört für immer

DIE LOFOTEN

Tief eingelassen in die finsternis der erde
schweigen für uns die steine
An stangen trocknen mit dem kopf nach unten
fische im wind

In der ferne spielt an bord musik
und die morgensonne kam fast nicht durchs netz
Und wie das verzeihen der sünden schaukelt die welle
                                                    das boot

Kräne laden aus den schiffen kisten mit tomaten
und teerfässer aus
Steinchen salzbeleckt rasseln am ufer

Und das sind die Lofoten
Inseln
von denen uns als jungen träumte
Der winter ist grausam hier
Sie sprachen davon
morgens im hotel

LEBEN

Nirgends wohne es sich besser
als auf den neckarwiesen am Rhein
rief Hölderlin aus und ungestüm
trank er auf den sieg der niederlage grünen wein

Doch er selbst wollte in den Kaukasus

Die ebenen wissen aber sprechen nicht
und führen uns stets zu den nächstliegenden bergen

Und von dort müssen wir zurückkehren

Mein schöner dichter und bruder
auf was für rührseligkeit haben wir da geschworen

STIMME

Mit dem leichtesten knöchel
werde ich plötzlich in die stille klopfen

Vielleicht findet sich einer auch im eigenen körper
in der totenkammer wo ich mich auskenne
und kein fremder knochenmann mich erschreckt
Ich selbst werde es auflesen
leicht und hohl wie eine nasenflöte

Ich liebe die kleine trommel und hasse schlegel
aus fremdem holz
Im körper habe ich zu diesem zweck einen knöchel
und trommle im rhythmus des eigenen bluts
und trommle
wie mein weißes gefühl mir befahl

Und mein durst mein weißer
wird die wörter an den fingern abzählen
wird zählen auf daß ich meine tagesdosis
nicht überschreite

KINDHEIT

Goldne goldne brücke
wer hat sie denn zerbrochen

Gegen abend wuschen die mütter uns die füße
heute würde ich dieses wasser trinken
Und wie heftig wir schliefen

Es war der pappkater anstelle des eichhörnchens
und das fischchen
ertrunken im kolk

Die sonntage silbern und dunkelbraun die freitage
Mitten in der woche lag der mittwoch
und der dienstag fand fast nicht statt

Einmal im jahr erhängte sich jemand
die leute folgten dem sarg
und kehrten ohne ihn zurück

Manchmal rückten wälder aus
zurück blieben kahlschläge
und zu tode erschreckte rehe

Und wir fürchteten uns vor dem bösen
die tage waren aus johannisbeeren
und die nächte zerkräht

Kalmus duftete wie die gifte der könige
die vorfahren verwesten
in der lieblichen heimaterde

und in den erkalteten öfen wohnte die angst
Und sie
sie ist immer zu finden

Schau nicht um
der plumpsack geht rum
er geht um den kreis
daß niemand was weiß

SONETT MIT LANDSCHAFT
ANSTELLE EINER HALSKETTE

–––––––––

und weil wir schon bald alt
und wie die häuser sein werden von vögeln
fand ich für uns eine landschaft

wo es eine tränke gibt
einen rosa berg
das hinunterfallen
und auch einen hang

wo die erinnerung noch währt
und ich gebe sie dir
wie ich das leben dem eigenen tod schenkte

als ich ihn damals überwältigte
auf der elefantenwiese
im nicht ausgetretenen gras

SONETT MIT DEM SCHLAF DER BIENEN

Am ende läuft uns das weiße zicklein davon
und wir verwaisen
————
—————————

Aus den großen vorräten der nacht
wird die finsternis tropfen
—————
———————

Die brennesseln werden aufleben
—————————
und der laute schlaf der bienen wird die gegend füllen

und du wirst fragen
nach den bienenstöcken
nach dem versteck der bienenstöcke

LÄUFER

Die spiele kehrten nicht zu uns zurück wir sind
                                    vereinsamt
und stumm verfolgen wir vom ufer aus
wie das wasserhuhn über den spiegel des sees läuft
wie es mit den flügeln schlägt und das wasser
                                    zerspritzt

Was sagt deine kindheit dazu in der ferne
Ein gewöhnlicher sommersonntag ist's
als würde es ein wenig schneien zwischen den worten
und schwarze vögel wiederholen kopfüber das wunder

PLATZREGEN

Und er wird ein anderer sein wird sein ohne frage
wie am grund des sees versunkene eichen
an die wortlose leere werden wir uns gewöhnen
und an die stehende finsternis

Die platzregen deiner tage fielen auf fels
und ergossen sich ins tal
Die vorahnung blieb erinnerung des künftigen
Und tod und liebe sind beide zugleich

Überall in der stadt spielen orgeln
und blaue vögel trinken aus pfützen
in denen der donner sich wusch

ZEIT

Wenn so die beklommenheit des federgrases sich legen
der stein mitleid haben
am himmel die lichter verlöschen
der wind verstummen das wasser nicht zu ende strömen
und der mensch dem bösen den rücken kehren würde

wie unzerbrechlich würde dann der krug erscheinen
der solange zu wasser geht
bis
                        pst und hilf mir
die scherben zusammenzulesen ewig währt die zeit
und alles was geschaffen ist für uns oder aus uns
das böse die beklommenheit das federgras der schmerz
                                        deine liebe

BUCHUNGEN AUF WELTRAUMKONTEN

Wenn mich die kinder in der kesselgasse
nach der uhrzeit fragen
(und es dämmert und der ball ist weggerollt)
darf ich ihnen nicht laut sagen
daß es schon furchtbar lange her ist

Denn was ist zeit was war sie und was wird sie noch
                                    bedeuten
in unseren kommenden tagen?
Durch wieviel tore gingen wir gebückt
und wie viele kleine tore gab's
wieviel vorschwellen überquerten wir und zaunstiegel

Fern von uns ist die Antarktis
und in Brasilien
schwemmt der ozean morgens
rührende tote pinguine ans ufer

Und für wen eigentlich quälen wir uns so ab
verloren im weltall
wo ein riesenstern erster größe
nichts als eine winzige laus ist
im sternbild namens Haar der Berenike

Wie auch in Einsteins perücke

Sein haar war zu gekräuselt
und du meine liebe weißt das längst

WEG

Einmal werden wir hingehn und fragen
was für ein grab das war und ob der himmel
den hubschrauber will
Im grauen der gleichgültigkeit wird stille
windung Endlose rose

DAS LAND GEGENÜBER

Die woche vor den kirschen oder noch früher
huschen weiße wiesel über den weg
und der wind hebt den staub an
golden wie eine monstranz und die nächte

die nächte sind tief

Die nächte sind tief wie der sturzgrund der sterne
und weckt dich die sehnsucht nach mitternacht
warte nicht bis der morgen graut

Alle sind wir tätowiert für den weiten weg
der eine hat schwarze haut an den fersen
der andere wieder auf dem kleinen finger ginster
und im berg zerkratzte uns die hände weiberzorn

Nur einmal ist der tod ein einziges mal und für immer
und der tote leib ist spreu
gesondert von der seele
wie vom harten korn

Eine weile werden wir bei den kindern
auf dem hof mit den kaninchen stehn und nahe dem
                                    hühnerrichtplatz
so nahe
daß uns blut traf

Und morgen werden wir fortgehn ins land gegenüber
an den fersen sind wir alle von erde tätowiert
das weiße hermlin wird männchen machen am weg
nur einmal ist der tod ein einziges mal und für immer

Die woche vor den kirschen oder noch früher

in den kronen der bäume gibt der wind nicht ruh

DORT

In den kronen der bäume gibt der wind nicht ruh
und das laub spricht vor sich hin
als fließe über den köpfen der menschen ein bach

Abends wird dieses wasser still
und die zeit hält einen augenblick lang inne

Von neuem versteht sich die erde mit dem himmel
Am ufer des kleeflusses
bestimmt der große stumme hase
was zur dunkelheit gehört
und was sonst noch dunkel wird

ERWACHEN

Mit einem kleinen bluterguß in der stimme sagt er
                                    guten tag
und weiß nicht
wie er im traum den er am morgen vergaß
zu dem kleinen blauen fleck kam

Er weiß nicht mehr daß er nachts die augen zugebunden
und ganz im dunkeln
blindekuh spielte
mit dem tod

Und das ist nur erlaubt mit kindern

GEDICHT DAS ES ABLEHNT
EINEN TITEL ZU HABEN

Kinder mit kleinen angelruten kehren ins dorf zurück
und tragen einen fisch ins taschentuch gebunden
Er ist noch lebendig
unterm nassen leinen bewegt er langsam die kiemen
und sondert schleim ab

Gott erlaubte es
und gab aus den tiefen den kindern den fisch als
geheimnis
und stummes kleinod fast als ein lösegeld
für alles was er uns vorenthält

Doch in wirklichkeit einen schlüssel aus kaltem silber
zu all den häusern
die er für uns absichtlich ohne türen baut

Die kinder ahnen es nicht und gehen stolz von dannen
mit dem fang
auf dem weißen weg zwischen den disteln
Der himmel umzog sich
und es regnet zart gleichförmig fein

TOT UND NACKT

Wer wird mit der sichel gras mähen
für die kleinen bärtigen kaninchen
wenn sie mit dem kopf nach unten
am haken hängen und der faden
hellen und frohen bluts
die mäulchen annäht an die erde

Die laterne wird das gebälk erleuchten
Das himmelreich eines solchen todes
ist voller stroh und späne
Im schwarzgewordenen dachstuhl gurrt
einer turteltaube ähnlich
mit heller und schaumiger stimme gott

Wer wird abends gras mähen
für die kleinen lächerlichen kaninchen
wenn sie aufgehängt am sprunggelenk
tot und nackt
vor scham erzittern und die nacht
durchs tor geht wie ein flügel

ALP

Das kind schreckt aus dem traum mit einem schrei
und wird geweckt vom eignen weinen

Ihm träumte vom großen Kleinen
und etwas längst gewesenes geschah

und das kind weiß nicht warum und ängstigt sich

Das aber ist die bodenlosigkeit des augenblicks ·
wenn der schwarze holunder weiß zu blühen beginnt

und die nächte haltlos sind und duften wie ein
                              stengel knöterich

EIN VORMITTAG BEI DICHTERN
IN DER KÜCHE

Jemand streut hier scheuen turteltauben
körner auf den fenstersims
und sagt der kleineren hab keine angst nimm's
tau gibt's genug Zu trinken holt euch dort

Und der dichter bittet unterdessen um ein wort
um ein wort nicht wie blei
um ein wörtchen hirserund

und spart das wort sich ab vom mund

GEGEND DEN KOPF ZURÜCKGEWANDT

Irgendwo in der nähe treibt sich der regen herum
und im hollerdickicht
wachsen der angst hörner
Lautlos fliegen die eulen die beute an

Die zeichen am himmel lösten einander ab
Aus den wassern steigen die nixen und warten
auf den augenblick des zutodetanzens
Die tiere der nacht bekreuzigen sich

Der abend allzu sehr mit dem rücken
gegen die schießscharte der finsternis und die
                                apfelbäume gelehnt
stemmt die fersen in den heißen staub

Die flüsse sind schwer Sie kamen in die ebenen
                        vor so langer zeit

SCHLAF DIREKT GEGENÜBER VON UNS

Dann schlafen auch die bäume schlafen im stehen wie
pferde
schlafen die ganze nacht mit herabhängenden blättern
die zweige fast bis zur erde

Traumlos schlafen sie und ihre skelette
liegen auf dem gehsteig mondzermalmt Auch der saft
schlief ein
Die vögel schlafen und die nester in den ästen

Und bis in die tiefe wohin
die wurmige hand der finsternis reicht
schweigen mit blinden worten die wurzeln

Die stille entspricht dem senkrechten schlaf

JÜDISCHER FRIEDHOF IN NIKOLSBURG

Die letzten toten liegen weit entfernt
denen aber
die glück hatten
wird es hier leicht

Jemand pflanzte am zaun einen aprikosenbaum
und niemand kommt ihn im sommer abzuernten
Die menschen scheuen sich
den toten die goldenen äpfel wegzuessen

Die ernte ist überreif und fällt ab
Unzählige kleine sonnen rollen durchs gras
beim grab von Simon und Rebekka
Mit spinnenschrift
trug sich die zeit hier ein in die steine

(Die kugeln der schneebeere
knallen unter den füßen wie die schüsse
im galizischen Kirlibaba)

Lang ist alles her
Nur diese unpassende süße
ist voller wespen
und entsinnt sich ihrer selbst

IN DER MITTE DES SOMMERS

Vollkommen ist's
wie der sommer sich über die dämmerung beugt
An dünnen ästen makellose vogelbeeren
und außerhalb des gewichts der zeit
Der august so nah wie die distel am weg
Die tage um einen fußbreit kürzer
Unter zerbrechlichem stern bruchstückhafte gespräche
Noch glauben wir's einander nicht daß aus dem nahen
                                                  dickicht
der herbst tritt
Immerzu liegen die bäume vor anker in wurzeln wie
                                                  glocken
Sicherheit überkommt
Und wunderschön das überflüssigsein der klage

LETZTER SONNTAG IN DEN FERIEN

Seltsame dinge geschehen am himmel
und im garten
spielen mädchen mit puppen
Ein junge springt über das springseil
Die hanfschnur schneidet eine kugel aus
und er steht mitten in ihr

Hinterm zaun kündigt der wind leis den herbst an
Das springseilsausen
zerteilt die luft und dröhnt
wie die stille über dem insektenfriedhof

DIE QUADRATUR DES KREISES

Die unterschiedlichen entfernungen des herbstes
und die stelle mit den hobelspänen
die zurückbleibt
wenn der zirkus abreist aus der stadt

Und noch lange danach
gehn die schulkinder auf einem umweg nachhaus
um auf dem ring
den löwen riechen zu können

AUSGEBRANNTE

Das oktaeder der nacht zerfällt gegen morgen
und seine scharfen kanten verletzen den schlafenden
Das beinhaus der träume ist fest verschlossen
Im taggrund singt der hahn

Die menschen erwachen voller abschürfungen
mit bloßen füßen berühren sie den boden
Auf dem bettschemel finden sie mit einem griff
das panzerhemd der gewohnheiten

SCHLAFLIED

Dann lehnte er sich an den durst an
und bat
dieser möge nicht aufhören
Er bangte um dieses wenige
Er fürchtete sich wie ein kind
Sehr fürchtete er sich

Und mir nichts dir nichts schlurfte
in händen einen tonkrug
frischen wassers
alterchen tod heran

Und er trank
Von den lippen spülte er
die asche der tage
all die pein
wusch er weg mit diesem schluck
und nichts
nichts ließ er für sich selbst

Nicht einmal mehr den durst

TOTENSCHEIN

Was war er von beruf?
Hühnerhirt im getreide
Und wann wurde er geboren?
Es war noch nicht dunkel

Die mutter aber war die mutter
und der vater wurde zerrissen
zwischen zwei schimmeln

Todesursache? Seit langem vernachlässigt
Erbittlich
Und dort wo kleine mädchen sich fürchten
die himmel und hölle springen
werden glocken erklingen

Viele male

BÖHMISCHES HERBSTLIED

Den toten betten sie die betten um
und zu den köpfen legen sie blumen
Was aber zu den füßen legen
wenn schuhe vergebens sind

Was sollten sie mit schuhen

REGEL DER HERRENREITER

Der pferdeschweiß duftete plötzlich wie die sträucher
der schwarzen johannisbeere und der wassergraben
naht mit eile
Und die reiter denen der gedanke an den tod
in den fersen erstarrte
wiederholen im geist die regel:

Zuerst über die hürde das herz werfen

Viele tun's
und wenn sie sich im bogen über den graben schwingen
bleibt ihnen keine zeit zurückzublicken
Die zeit zurück liegt in der verbotenen richtung

Auf den kirschbäumen schießt inzwischen das blut in
                                 die höhe und das töten
weht wie eine fahne
Das wettrennen ist zu ende und auch der sommer
                                 verging
Von neuem begann der ruhige ein wenig dunklere herbst

Und die reiter die die hürde überwanden kehren zurück
an die stelle
wo sie das herz fortwarfen nach vorn
und suchen mit gebeugtem haupt im gras

Vielleicht nicht vergebens Oder aber doch

STILLEBEN

Wirklich Um die mittage kehren die jäger heim
tote vögel in den gürtelschlingen

Vor den ofen lagern sich die hunde Der jagdhundgott
ist zufrieden Die treuen schnauzen schmückte er mit
                                                federn

SCHNEE SCHNEE

Falls wir die nacht durchhielten
die blindheit des laubes
und uns selbst vergäßen
über dem nest des vergeblings

und was noch außerdem übrig bleibt

Einen holm machen aus der winterzeit

DOTYKY

Na snůšce medu citronový pyl
a na jublůňce v lese černý pomeranč

Housátka uštipují zeleň
a ztrácejí se v bledých kopřivách

Cestičky razí
bludiště mírná k zachování smrti

Bojí se bojí bojínek

A kdo chce dovnitř musí předsíní
až po kolena vysypanou okrem

Za plotem mrzne Proto Boleráz

BERÜHRUNGEN

Auf der honigtracht zitronenblütenstaub
und auf dem apfelbäumchen im wald eine schwarze
orange

Gänschen zwicken grün
und verlieren sich in blassen brennesseln

Pfade treten
sanfte irrwege zur erhaltung des todes

Und wund wund ist der wundklee

Wer hinein will muß durch den vorsaal
ockerbestreut bis zu den knien

Es friert hinterm zaun Deshalb Immergrün

STILLES TÖTEN ODER SCHÖPFUNG
EINES GEDICHTS

Furchtbar und unerträglich
ist die verstockte abwesenheit
an der neige des tages

Wir sind wie der ertrinkende und zugleich wie das
wasser

In diesem schiffbrüchigen augenblick
wird das gedicht zum halm

Und stilles töten ist hier am platz

in die hand nimmt der dichter das wort wie ein ei

PORTRÄT LÄNGST AUSGESTORBENER VÖGEL UND DER WAL

In die hand nimmt der dichter das wort wie ein ei
und die gattung vogel
längst ausgerottet vom menschen
zerbricht die schale und steigt auf

In diesem augenblick
werden an gewesenen gewässern nie gesehene
und von neuem erahnte nester erbeben

Auch der dichter kommt aus ihnen und ist nur flügel
Zugleich aber
hat das furchtbare und verwüstende zerpflügen des fleischs
aus ihm bis zum tod einen menschen gemacht

Und in den kurven längst vergangenen flugs
liest er das dreieck

Als berühre er eine jungfrau mit der krücke

Wer aber wird zum letztenmal
dem letzten der wale
morgen die totenmaske abnehmen und nicht sagen:

Nichts blieb auf der erde übrig an so großem
wie die kinderträne und das lieben der wale

Und die liebe ist nicht das quadrat über der
                         hypotenuse des herzens

ALLES ÜBER ELEFANTEN

Die letzten bäume gingen davon aus dem park
zurück blieb nur ein alter herr und er zeichnet
mit messingbeschlagenem stock
vierecke in die luft und geschlossene kreise

Die gegenwart des gedichts ist angedeutet
durch leichte trauer
Von nichtsehen zu nichtsehen teilt es sich uns mit
doch ist diese unerschöpflichkeit hier nicht am platz

Er ist ein alter schöner alter herr
älter als die elefanten die gezähmt sind durch musik
als die die töten
indem sie niederknien

Die unruhe in der uhr rollte sich ein aus der nähe
die zeit arbeitet nicht keiner kommt zu suchen
was nicht zu finden ist nur die bäume gingen davon
die rüstern und der nußbaum und die ulme begleitete
sie zum tor

Und der alte dichter
beginnt in der leeren stille die stoßzähne zu zählen
immer zwei und zwei die riesigen und weißen
paarweise immer und er weiß
wie verletzlich die seele großer tiere ist

Wie behutsam sie auftreten damit es nicht knackt
und wenn blinde zumindest im traum sehn
wie still es innen im krug ist kann das erdreich
die toten auf stufen besuchen

Und inmitten seiner kreise zählt der alte dichter
inständig die stoßzähne und wenn er sich irrt
kehrt er zum ersten zurück und beginnt von vorn

Ein stoßzahn schwarz wie die nacht in den mittagen
ein vergilbter vom alter gezeichnet
ein abgebrochener der übrig blieb
dann einer weiß so weiß wie das wasser nicht ist

Und in den kahlschlägen wenden inzwischen die
                                    mammute
mit den rüsseln
die hohlen knochen der ausgestorbenen herden

Der tod leckt sich die lefzen und nimmt nicht ab

DER LEHRER DES ZWEITEN TODES

Auf der langen bank entlang der vier geweißten wände
saßen die kinder die unlängst erst
starben
Nun warteten sie
auf ihren zweiten tod

Sie saßen artig da die händchen im schoß
still und ganz reglos
so daß man durch die fenster die kleinen ketten
der herbstkarussells hörte

Mit dem zarten nacken lehnten sie sich an die wand
und warteten auf den lehrer
sie warteten geduldig
wie zu lebzeiten nie

Da ertönten schritte auf dem gang
der lehrer trat ein kam herein ohne gesicht
als gäb's keine schwelle
und die kinder grüßten schweigend
Und da der tod schon einmal hinter ihnen lag
erbebte keines vor furcht
Sie alle wußten
daß einmal wenig ist

Als er dann aufzurufen begann nach dem alphabet
erhob sich eines nach dem anderen
und verließ sich leicht verneigend
(die köpfe kaum von flaum bedeckt)
mit winzigen schritten die klasse

Klein waren sie Alles schulanfänger

NACHT IN DER BETONSIEDLUNG

Wovon eigentlich träumt in den langen nächten
den heiligen kühen der betonsiedlungen
wenn auf der straße die neonröhre leuchtet
in die entzündung des für immer blinden darms
                              gestopft

Die sandbänke der sterne und das segelschiff liefen
                              für immer auf grund

So ist die mühe des baums vergebens sich zu erinnern
und schweigend zweifelt er
wenn ihn die windstille berührt
Verzweifelt fällt im winter schnee
auf die dächer der verlassenen autos
und wenn du dir durch die schlafenden herden nachhaus
                              einen weg bahnst

fragst du vergebens:

Wovon eigentlich träumt in den langen nächten
den heiligen kühen der betonsiedlungen

DIE VERBORGENE SUMME DER
SCHAUSPIELKUNST

Mehr als dreihundert jahre schon stirbt auf der bühne
Hamlet
und vier hauptleute tragen den toten
auf ihren schultern hinter die kulissen
und die soldaten – die soldaten schießen

Dann schminken sich die schauspieler ab in der
                                        garderobe
und gehen sich quälen auf ihre art
gehen die treppe hinab um im klub
um Hekuba zu weinen

Das spiel geht weiter
Das herz souffliert ihnen über dem verschütteten wein
die nacht ist halbiert wie ein apfel
und in den nicht gejäteten gärten der seele
graben emsig die maulwürfe
Ophelia
die arme nackt bis zu den ellenbogen
pflückt azaleen zwischen den brennesseln

Das spiel geht weiter
noch haben sie sich nicht ganz aus der wahrheit
                                        herausgelogen
und erst im morgengrauen
wenn der mond wie ein schwan stirbt und singt

erst am morgen gehen sie ab nachhaus
auf der wange einen streifen wie von blut
schminke die übrig bleibt

Bis ans ende der welt werden die Hamlets
auf der szene sterben
und die schauspieler laut um Hekuba weinen

1

Im sommer 1980 standen vor unserer tür zwei junge tschechen. Obwohl sie hatten ins westliche ausland reisen dürfen, konnte ich ihnen vertrauen; erkennungsworte wiesen sie als freundesfreunde aus.
Sie seien mitglieder eines theaters der poesie, sagten sie. – Eines theaters der poesie? Ich sei eben dabei, Skácel zu übersetzen, sagte ich.
Wer das sei – Skácel.
Vor zehn jahren war Skácel in seinem land einer der bekanntesten dichter gewesen. Die beiden waren zwanzig jahre alt.
Und er lebt unter ihnen.

2

In den letzten zehn jahren erschienen in tschechoslowakischen verlagen folgende gedichtbände Skácels nicht: Tratidla (Sickergründe), Chyba broskví (Der fehler der pfirsiche), Ořechy pro černého papouška (Nüsse für den schwarzen papagei). 1981 wurde der auswahlband »Dávné proso« (Hirse hirse langeher) publiziert.

3

Vor dem august 1968 waren von Jan Skácel erschienen: Kolik příležitostí má růže (Gelegenheiten hat die rose viele), 1957; Co zbylo z anděla (Was vom engel übrig

117

blieb), 1960; Hodina mezi psem a vlkem (Die stunde
zwischen hund und wolf), 1962; Smuténka (Kleine
trauer), 1965; Metlička (Kleine ruten), 1968. Außer
diesen gedichtbänden und einigen kinderbüchern hatte
er 1964 den prosaband »Jedenáctý bílý kůň« (Das elfte
weiße pferd) publiziert. Seine dichterkollegen hatten
nicht gekannt, was dichter nicht kennen sollten, nämlich
neid (denn keiner kann des anderen gedicht schreiben),
und so hatten sie ihm für fast jedes buch einen preis
mit urkunde verliehen, die er sich hätte rahmen lassen
können und sich nie rahmen lassen hat. Er, das mähri-
sche dorfkind, der zwangsarbeiter, der während des
zweiten weltkriegs in Österreich hatte tunnel bauen
müssen, und der verspätete absolvent der Brünner
universität, hatte ihnen dafür die zeitschrift »Host do
domu« (Der gast ins haus) herausgegeben – die an-
spruchsvollste monatsschrift für tschechische literatur.
Sieben jahre ist er ihr chefredakteur gewesen. Bis 1969.
Seitdem gibt es sie nicht mehr.

4
Aber ihn gibt es. Auch wenn jene, die damals kinder
waren, noch nichts von ihm wissen, obwohl er ihre sprache
spricht.
Er schreibt schöne briefe und weiß viel über briefe.
»Wirst Du wieder einmal zu uns kommen? Briefe sind
ein zu dünnes eis, sie tragen nicht alles, womit man
einen fluß überqueren möchte.« Und weil er das weiß,
schreibt er briefe, durch die man bis auf den grund
blicken kann.
»Und dann – ich war krank, ziemlich schwer und

schmerzhaft, die krankheit hat mich physisch und psychisch
entblößt. Ich konnte nicht schlafen und dachte in den
schlaflosen nächten über dinge nach, über die man heute
nicht nachdenken soll. In Brünn ist eine stille, und diese
stille ist weder schön noch fruchtbar. Wir alle sind
wartende, und es ist eine flucht ohne ende ... Mir scheint,
daß von dem, was ich gern habe, wenigstens in der
natur etwas bleibt. Wenn ich kann, stromere ich umher.
Aber die abende machen mich traurig und verletzen
mich. Vor allem jetzt, wenn die sonne wieder zur neige
geht, mit vogelbeeren blutet, und die kalte nadel des
vogelzugs den himmel radiert. Und mir scheint, daß ich
immer weniger menschen begegne.«

. . .

»Ist bei Euch auch so ein kein-winter wie hier? Fast
blühen die bäume, und in den schrebergärten kriechen
die tulpen aus der erde. Gegen mittag sieht es aus wie
im april um neun uhr morgens, und die krankenhäuser
sind voller patienten mit herzinfarkt. Es ist eben
unnatürlich und ungehörig, und wir sehnen uns nach
schnee. Wir wünschen uns, daß es weiß wäre. Weiß
und rein, so weit das auge blickt. Und noch weiter.
Wenn uns unser wunsch in erfüllung geht, kaufe ich
mir ein fernglas und werde den ganzen tag schauen.«

. . .

»Sonst ist alles beim alten, beim furchtbar alten. Aber
der frühling hat sich gemeldet, und da bin ich gleich
sentimental, und mir ist wohler. Ein atavismus aus
zeiten, da die menschheit noch nackt umherging.
Nebenbei – wir sind auch heute noch nackte menschen.
Das alles hat uns entblößt.«

Doch jedem seiner briefe mutet Skácel das ganze gewicht eines heiteren wortes zu.

»Weil Ludvík eben seine tochter verheiratet hat, mußte ich, wenn auch ungern, unsere Akademie der Wissenschaften (abteilung handschriften) darum ersuchen, mir Deinen brief zu entziffern. Zur strafe, denn ich bin ein rachsüchtiger mensch, schreibe ich Dir ebenfalls mit der hand, obwohl es anstrengend ist. Nur Eliška grüße ich herzlich in druckbuchstaben, denn sie verdient es, und sie schreibt immer leserlich. Doch auch die akademiker haben mich enttäuscht, sie waren Deinen hieroglyphen nicht gewachsen, und ich mußte warten, bis Ludvík wieder ausnüchterte. Wir haben den satz, der uns wichtig erschien, aber dennoch nicht begriffen.«

...

»Und uns beide, Ludvík und mich, beunruhigt die bemerkung über Deine gesundheit, darüber, daß Du am boden bist (war es ›boden‹?). Sieh zu, daß Du von diesem boden bald wieder aufstehst. Uns würde es gar nicht gefallen, wenn Du Dich irgendwo auf irgendeinem boden herumwälzen würdest, wir haben Dich gern schön aufgerichtet. Ich drücke Dir sehr die Daumen und denke viel an Dich. Die Boženka hilft mir beim denken an Dich, und so denken wir zu zweit.«

...

»Ich muß Dir noch einige zitate aus meiner letzten lektüre aufschreiben. ›Freiheit, lieber Sancho, ist das einzige, für das man sein leben hingeben kann und muß.‹ (Cervantes, Don Quichote) – ›Es siegte eine furchtbare vernünftigkeit des lebens.‹ (Wer das gesagt hat, weiß ich nicht mehr.) – ›Die mehrzahl der menschen

führt ein leben in stiller verzweiflung.‹ (Thoreau) –
›Wenn du heimkommst, tritt deine schuhe ordentlich
auf dem schuhabtreter ab!‹ (Frau Boženka Skácel)«

5
Ob ich als übersetzer auch etwas *über* die gedichte von
Jan Skácel schreiben würde, fragte der verlag.
Nichts anderes, als andere mit anderen worten über
gedichte anderer schon unzählige male geschrieben haben,
und das unzählige male nicht zur kenntnis genommen
worden ist: Nicht jedes gedicht eines jeden dichters ist in
jedem augenblick etwas für jeden.
Das aber ist die chance der poesie, die chance des dichters,
die chance des augenblicks und die chance des lesers.
Skácel selbst schreibt über seine Gedichte: »Ich möchte,
daß auch für mich, den autor dieser verse, manches
geheimnis geheimnis bleibt. Es gibt schleier, die wir nicht
ungestraft berühren.«
herbst 1981   Reiner Kunze

rede
Kunštát – kleinstadt in Mähren. In Kunštát liegt Fran-
tišek Halas begraben, einer der bedeutendsten tschechi-
schen dichter dieses jahrhunderts. Er starb 1949 und
wurde nach seinem tod als autor offiziell verurteilt.

jüdischer friedhof in nikolsburg
Nikolsburg (tschechisch Mikulov) – stadt in Südmäh-
ren. Kirlibaba – ort in Galizien, der im ersten welt-
krieg hart umkämpft war. Im zweiten weltkrieg be-
fand sich in Kirlibaba ein konzentrationslager für jü-
dische häftlinge.

Fräulein Paula Wachtfeichtl, Staatliche Bibliothek Pas-
sau, dank für alle lexikalischen und volkskundlichen
zaunstiegel.

Das nachwort wurde ohne wissen Jan Skácels aufge-
nommen.

Peter Handke
*Das plötzliche Nichtmehrwissen des Dichters**

Wie nur die Liebe, welche die Gedichte Jan Skácels auf
mich Leser übertragen – vollkommen schweigsame und
im Schweigen ganz ihr Genüge findende Augenblicke der
Zuneigung über die Gedichte hinaus zu den Dingen der
Welt – hinüberbringen ins Reden, in die Worte einer
sogenannten Laudatio?
Sachlich – nicht *bleiben* (denn sachlich bin ich nicht von
vornherein), sondern *werden;* sich an die Sachen, die
Wörtlichkeiten der einzelnen Gedichte, halten; und dann
sachlich sagen – es zumindest versuchen, auch wenn
dabei zugleich schon wieder eine Empfindung dazwi-
schen spielt: die Empfindung beim Lesen von Jan Ská-
cels Gedichten wie die von wärmendem Sommergras
unter den bloßen Sohlen. So beruhigend, begütigend,
erdend wirken seine Gedichte – mag in diesem Sommer-
gras auch so manche Stechbiene sein; denn, nach Skácel:

> der dichter setzt
> zur wehr sich wie die biene
> und schenkt das eigene sterben
> dem den er verletzt.

Ich habe nicht alle der in etwa vier Jahrzehnten entstan-
denen Gedichte Skácels lesen können, und alle die, die
ich las, nahm ich, bis auf eines, nicht im originalen

* Laudatio, gehalten am 10. Juni 1989 in Lucca zur Verleihung des
Petrarca-Preises 1989 an Jan Skácel

Tschechischen auf, sondern in der, scheint mir, mär-
chenhaft glücklichen deutschen Übersetzung Reiner
Kunzes: Doch haben die hundert und mehr mich besee-
lenden und mich ihren Gegenständen einverleibenden
Skácel-Poeme (ja, nicht der *Leser* hat *sie* sich einverleibt,
sondern umgekehrt) genügt, der Poetik des großen tsche-
chischen Dichters innezuwerden. Es ist eine Poetik, die
sich nie schließt zu einer Kette von Sätzen; sie zeigt sich
jeweils nur in einem einzelnen Satz, beiläufig, im Verlauf
des Gedichts, als bloßer Hauch, ist selbst, als Hauch,
pur Gedicht.
Diese so offene Poetik möchte und darf auch ich hier
nicht zusammenfügen, geschweige denn definieren, ich
kann nur ein paar einzelne solcher Anhauche aufzählen:

    erfindbar sind gedichte nicht
    es gibt sie ohne uns   irgendwo seit
    irgendwo hinter   sie sind dort in ewigkeit
    der dichter findet das gedicht

Oder:

    aufrecht gehn gedichte die erwachsen sind
    vierzeiler aber wie meine hier
    kommen auf allen vieren zu mir
    wie lämmer und esel   oder wie ein kind

Und:

    laß schon sein   räum im gedicht
    für immer auf wie eh und je

Und:

Jener deren muse nicht betteln geht von tür zu tür
sind schon einige hier bei uns

Und:

Und wie musik beenden oder ein gedicht
ohne eine kleine menschliche lüge

Und dann:

Und mein durst mein weißer
wird die wörter an den fingern abzählen
wird zählen auf daß ich meine tagesdosis
nicht überschreite

Und dann:

Und der dichter bittet unterdessen um ein wort
um ein wort nicht wie blei
um ein wörtchen hirserund

und spart das wort sich ab vom mund

Und dann:

Wir sind wie der ertrinkende und zugleich wie das
wasser

In diesem schiffbrüchigen augenblick
wird das gedicht zum halm

Und nicht zuletzt:

In die hand nimmt der dichter das wort wie ein ei
und die gattung vogel
längst ausgerottet vom menschen
zerbricht die schale und steigt auf

Und *nicht* zuletzt:

Die gegenwart des gedichts ist angedeutet
durch leichte trauer
Von nichtsehen zu nichtsehen teilt es sich uns mit

Und *nicht* zuletzt:

Doch erinnere ich mich dann von neuem,
und zum kaffee sage ich bereits die verse her,
bedächtig, mühsam, damit sie dauern...

In unseren deutschsprachigen Breiten ist Jan Skácel vor
allem mit zwei Dichtern verglichen worden: mit Georg
Trakl und Peter Huchel. Keiner dieser beiden Vergleiche
hat mir beim bedächtigen Lesen der Gedichte Skácels
auch nur im geringsten eingeleuchtet. Trotzdem, glaube
ich, können sie fruchtbar werden, wenn sie ihr Gewicht
verlagern vom Vergleichen auf das Unterscheiden. So
sehe ich zwar hier und da bei Jan Skácel eine Hommage
auf Trakl, oder eine anmutig-heitere Reverenz, wie etwa:

und trommle
wie mein weißes gefühl mir befahl

oder:

und im quaken der frösche
grünte die nacht,

oder, ganz klar da:

Gern hab ich den augenblick,
da der hyazinthenschrei der kinder den
                    abend aufweckt –

aber nirgends so etwas wie einen Einfluß, ja nicht einmal eine Verwandtschaft, oder höchstens eine Verwandtschaft in dem Sinn, daß man Skácel einen in die Außenwelt, die Natur, die Landschaft entkommenen Trakl nennen könnte, ausgestattet auch mit der Dankbarkeit eines so Davongekommenen.

Doch sonst nur Unterschiede: Während bei Trakl die Farbenzeichen für die Dinge – fast keins seiner Gedichte ohne wenigstens drei, vier Farbwörter – aus der Empfindung, dem Traum, der Vision des Dichters kommen, läßt Skácel – auch seine Poeme oft sozusagen mehrfarbig – an seinen Dingen in der Regel deren reale Farben erscheinen, auch wenn es die besonderen eines besonderen Augenblicks sind: Seine »blauen vögel« sind in dem dichtenden Moment wirklich blau; die Trauernden hinter dem Sarg erscheinen augenblicksweise wirklich »in purpur gekleidet«, und sein immer wiederkehrendes Gold wird dem Leser durch das Gedicht aus dem Gedächtnis gehoben auch als das seine; seine Goldwahrnehmungen von den Dingen der Kindheit zeigen sich dank des Gedichts als die allerwirklichsten:

> ... die hitze senkrecht, der dorfplatz mit der kamille,
> träge schatten,
> als streckten blaue hunde
> über dem goldenen rinnsal jauche
> alle vier von sich

Ja, so war es!; und genauso war es auch, wenn die Kälbchen zur Welt kamen:

Wehmütig muht zuweilen die kuh
und blickt sich um
mit augen, blauer als achat.
Milchquellen rasseln an melkkübel,
im luftzug wehn goldene saiten des mistes...:

Nein, so *war* es nicht bloß, so *ist* es auch, und so wird es
sein, immer und überall. Pointiert könnte man demnach
sagen: Trakl gibt den Dingen Farben, während die Dinge
auf den Jan Skácel und mich, den Leser (wir beide neu
die Kinderaugen öffnend), ihre Farben übergehen lassen
– dort das Farbengeben, hier das Übergehen der Farben
auf den, der einfach schaut. (Oder in einer anderen
Zuspitzung: Trakl, der Farbenbedrückte, Skácel, der Far-
benfrohe.) Wie aber schaut Jan Skácel, in was für einer
Haltung empfängt er die »auf allen vieren« auf ihn zu-
kommenden Gedicht-Dinge?
Ich hatte als Leser dazu ein Bild für alle: Ein Großer, ein
Erwachsener, in der Hocke, an einem mährischen Wie-
senrand, die vielfarbigen Wiesenblumen, winzig klein
wie »Herrn Mozarts winzig kleine nachtmusik«, nah vor
Augen, wieder im Kindesabstand, so daß ein endloses
musikalisches Übergehen einsetzt auf den Schauenden,
das Schwarz des Wiesenknopfs, das Gelb des Hahnen-
fuß, das Blau der Kornblume...: Und tatsächlich wer-
den ja bei Jan Skácel die Farbendinge oft auch noch
*hör*bar, so wie einmal »die rose zu besuch« zu ihm sagt:

über deinen augen hast du einen raben,
daß er dir nicht fortfliegt,
trauriger, du...

oder ein andermal:

Wir tranken und hielten uns ans wort des weines,
des beim wort genommenen,

und wie, als einmal aus dem bitteren Dorn die Schlehen-
blüte ans Licht trat, mit einemmal ein Ton erklang.
Jan Skácel hat eins seiner Gedichte Peter Huchel gewid-
met. Es heißt ›Znorovy nachts‹, nach dem Geburtsdorf
Skácels in Südmähren, und ist eins der wenigen Skácel-
Gedichte, in denen, wenn auch nur für eine kurze Zwi-
schenstrophe, die Historie sich aufspielt:

Znorovy nachts. Zwischen den scheunen
berühren alle bäume die dächer.
Hierher kehrten brave söhne zurück, geschmückt mit
                                            einer träne,
und die stolzen
gingen in ketten, stolz,
eine garbe haar in der stirn.

Dann aber folgt sofort die Wendung zurück in die eigene
Geschichte, zurück in die alltäglichen Dinge, die Jahres-
zeit, die Landschaft, die Natur:

Auch ich ging, als führten sie mich ab,
stieß pferdemist weg
und wehmut.

Im Unterschied zu Huchel ist Skácel die Natur nicht die
Zuflucht im Exil, das Trostbild und zugleich, ambiva-
lent, paranoisch geradezu, das Wiedergängerbild des
Monstrums Geschichte, sondern sie bleibt, trotz aller
Zwischenspiele, das erste, die erste Welt, die große, die

weite. Deswegen sind seine Gedichte wohl immer wieder
durchzittert von Wehmut, von Bitternis, ja Zorn,

> Auch wenn die rosen laut blühen würden
> und das wasser ans ufer baden ginge
> gäbe es nach ihrem willen – dem der henker – keine
> kindheit
> keine gegend mit der hohlen freiheit der halme

doch ganz und gar ohne die Huchelsche Schwermut;
auch für die Dinge der Trauer gilt für das Gedicht Jan
Skácels das »sursum corda!« – ohne das »Empor die
Herzen!« hebt bei ihm kein Gedicht an; erst mit dieser
Aufforderung an sich selbst, Aufhebung der Schwermut,
öffnet sich der Raum für das Gedicht.
Also, Jan Skácel zusammen mit der Daseinsliebe und
Zukunftssehnsucht und dem Geschichtsvertrauen Fried-
rich Hölderlins? Ich stelle mir vor, der tschechische
Dichter unseres zwanzigsten Jahrhunderts, bei diesem
Vergleich, er lächelt, traurig und heiter. Und er hat
dafür ja auch schon die Worte gefunden; in mindestens
zwei Gedichten, einem, das ›leben‹ heißt und so geht:

> Nirgends wohne es sich besser
> als auf den neckarwiesen am Rhein
> rief Hölderlin aus und ungestüm
> trank er auf den sieg der niederlage grünen wein

> Doch er selbst wollte in den Kaukasus

> Die ebenen wissen aber sprechen nicht
> und führen uns stets zu den nächstliegenden bergen

> Und von dort müssen wir zurückkehren

Mein schöner dichter und bruder
auf was für rührseligkeit haben wir da geschworen;

und das zweite, das ›in der mitte des sommers‹ heißt und
so geht:

Vollkommen ist's
wie der sommer sich über die dämmerung beugt
An dünnen ästen makellose vogelbeeren
und außerhalb des gewichts der zeit
Der august so nah wie die distel am weg
Die tage um einen fußbreit kürzer
[...]
Sicherheit überkommt
Und wunderschön das überflüssigsein der klage.

Man könnte lang noch verfolgen, wie Skácel im Gegen-
satz zu dem deutschen Heldenjüngling, von der Ver-
zweiflung durch die Desillusion nie bedroht war, weil er
seine Illusionen – hoch sie! – eben nie und nimmer
verschwendete für die Hoffnung auf eine neue Wende der
Geschichte und so in der Hälfte des Lebens mit Sprach-
losigkeit geschlagen wurde vor den im Eiswind klirren-
den Fahnen; solch weiteres Verfolgen aber überlasse ich
andern.
Wer ist nun Jan Skácel? Wo kommen seine herrlichen
Gedichte her? Was ist ihre Abstammung? Mit wem sind
sie verwandt? Stehen sie ganz für sich? Was haben sie
womit gemeinsam? Klar ist nur: Jedes Kind könnte sie
begreifen – vor allem die Kinder –, sie brauchen keine
Vergleiche, und doch wird meine Lust, darüber zu reden
und die Gedichte weiterzugeben, begleitet, ohne daß ich

darauf aus bin, von Vergleichslust, Erinnerungen, Bildern, Klängen.

So kamen mir durch Skácel die Sagen der Kindheit neu in den Sinn, die Sagen nicht nur meiner persönlichen, sondern unserer gemeinsamen mitteleuropäischen Kindheit, die Sagen, Märchen und Fabeln aus der, wie die Gedichte es offenbaren, immer noch, auch jetzt gegen Ende des zwanzigsten Jahrhunderts, fortbestehenden und weiterwirkenden Kindheit der mitteleuropäischen Völker, wo im frischen alten Animismus die Wurzeln der Bäume tief unten in der Erde nachts ebenso aufleben wie im Finstern der Weinkeller in den Fässern »die sonne aus dem vorvorletzten jahr«, während an der Straße »die weiße staubwehe schläft« und der Fluß einen Vers »flucht, wenn er so über die steine / nachts, im dunkeln, stolpert«.

Oder Skácels Gedichte wecken in mir Leser neu den Psalmenklang, aber nicht den vertikalen, gerichtet hinauf zum Himmel, sondern einen, der durch die Ebenen hin zum Horizont geht und diesen umkreist; ja, jedes der Gedichte, wie sonst nur die große Musik, eröffnet in mir einen Rundblick, und dazu paßt, daß ihre häufigste Form das Rondo ist, das Reigenartige. Oder – und jetzt kommt ein kleiner Sprung (wäre die Übersetzung des Namens Skácel nicht »Springer« oder »der gesprungen ist«) – es hört der Leser manche Zeilen plötzlich gesungen, nein, nicht nur von Dietrich Fischer-Dieskau, sondern auch, Verzeihung, von John Lennon, wie zum Beispiel in dem »Gespräch« hier, das mich an ›Norwegian Wood‹ erinnert:

Wie geht dir's, mein lieber?

Wie dem bäumchen,
an das sie das lamm banden,
damit's nicht in den schwarzen wald läuft,
dem bösen wolf in die fänge.

Und wie geht's meiner lieben?

Wie der weißen birke,
die sich im wind neigt,
neigt, neigt.

Und wieder Verzeihung, wenn ich das

Über den wassern, ach, über den wassern
erhob sich ein vogel ins blau.
Keiner weiß wie, keiner weiß, wann
der vogel sich über die wasser erhob,
über den drahtverhau...

als Country & Western-Song höre, gesungen vom blut-
jungen Bob Dylan, frisch angekommen in Manhattan
aus dem Seengebiet von Minnesota; und ein letztes Mal
Nachsicht, wenn zu Skácels Kindheitsgedicht mit der
Strophe

Die sonntage silbern und dunkelbraun die freitage
Mitten in der woche lag der mittwoch
und der dienstag fand fast nicht statt

unwillkürlich in mir jenes Sechziger-Jahre-Lied mit-
spielt, gesungen von den Easybeats, mit dem Titel
›Friday on My Mind‹.
Seltsam nur, daß bei dem allen gerade einer sich nie

dazugesellte, seltsam und für einmal auch erleichternd:
der, nach dem dieser Preis hier benannt ist, Petrarca –
oder jetzt, im Nachdenken, doch; denn die meisten Ge-
dichte Skácels sind, mag das Wort auch fehlen, Liebesge-
dichte, Gedichte der liebenden Verehrung der, seiner,
Frau. ›Brief von ihr‹ heißt so ein Gedicht:

> Ich fuhr mit dem letzten bus vom platz.
> Der abend war drückend und trostlos
> wie leeres wasser...
>
> Um wenigstens ein bißchen aufzuatmen,
> entschloß ich mich, zuvor
> aus tiefster seele zu seufzen.
>
> Damit mir hier etwas laut zurückbleibt.

Und auch die Sonettform kommt vor bei Jan Skácel,
freilich, ganz zeitgenössisch, mit fehlenden Zeilen, an
deren Stelle nur Striche stehen:

> – – – – – – – – – –
>
> und weil wir schon bald alt
> und wie die häuser sein werden von vögeln
> fand ich für uns eine landschaft.

Das tiefste Bild aber, das mir durch die Poesie Jan
Skácels entgegenleuchtet, ist das folgende: Einmal war
ich für sehr lange Zeit weit weg von Europa. Irgendwo in
Japan dann hörte ich an einem Abend, vor allem von
begeisterten, jungen und älteren Hausmusikanten ge-
spielt, das letzte Streichquintett Mozarts. Einige der Zu-
hörer, wie üblich bei den nimmer- und immermüden
Japanern, waren sofort eingeschlafen. Ich aber wurde

immer wacher und hatte, vollkommen übergegangen in die Musik, einen von Takt zu Takt mich mehr ergreifenden Traum: Die Mozartsche Musik, voll Wehmut, Trauer, zugleich Gelöstheit und Einverständnis mit dem menschlichen Sterblichsein, ließ mich in einem klaren, plastischen Halbdunkel dort weit weg in Japan zum ersten Mal das von mir bis dahin als bloße Ideologie abgelehnte Mitteleuropa sehen, mit einem einzigen, tschechischen, österreichischen, ungarischen, bayrischen, slowenischen Volk in dieser Landschaft, zu den heiteren Mollklängen einen Reigen tanzend, damals im achtzehnten Jahrhundert wie auch jetzt hier vor meinen Augen in Kyoto, einen Reigen, welchem nichts fehlte zum allervollkommensten, dem Dankgebet. Zum ersten Mal geschah es mir dort, fernab, daß ich mich von meiner mitteleuropäischen Heimat gewiegt fühlte und zu den Menschen da in dem Reigen gehörte, innigen, zarten wie nirgends sonst, geschlagen dabei, ganz anders als so viele andere Völker, mit der lebenslangen Unerfülltheit und also Sehnsucht und Verlorenheit, wie sie ideal in dieser Musik spielten, entsprechend der Skácelschen Zeilen:

Sieh, flinke mauerschwalben nehmen Brünn ein
und eine ungebührliche sehnsucht nimmt beim
ellenbogen.

Und ist es dabei nötig, hinzuzufügen, daß jene Wiege Mitteleuropa nicht nur süß, sondern zugleich schmerzend war, wieder entsprechend den Zeilen Skácels:

Wer jetzt die stille berührt gibt der wiege
vergebens schwung   sie hat keinen boden mehr

Jan Skácels Gedichte wiederholen mir, Zeile für Zeile frisch, das Mozartsche (wie Schubertsche) Wachtraumbild des anderen, unideologischen, märchenhaften und so um so realeren, des *geltenden* Mitteleuropa. Wie im Rondo der ›Häuser in Pavlov‹

> die alten hab ich gern,
> die ältesten,
> die von musik unterkellerten . . .

sind sie allesamt unterkellert von Musik. Und wie in dem Gedicht ›März‹ sehe ich sie in meinem Traumbild allesamt auf der Fiedel spielen:

> Vom wald kommt ins dorf der frühling.
> Unterm arm trägt er die fiedel,
> das uralte instrument aus dreierlei holz.
>
> Dann, eines abends, erklingt in den gärten ein lied.
>
> Und bis tief in die nacht und auf einer einzigen saite
> wird der unbekannte musikant uns
> diese einfache sache erzählen.

Und allesamt wiederholen Skácels Gedichte mir das, auch wenn sie von Verrat, bösen Jägern, grausamen Lämmern handeln,

> in der ortschaft mit dem schönsten namen der welt
> [. . .]
> In der gemeinde Fiedel.

Aber zuletzt habe ich für Jan Skácel weder Vergleiche noch Bilder mehr nötig. Nur noch die Gedichte absolut, für sich, sind mir übrig, in denen nie ein Begründungs-

136

wort, nie ein relativierendes Einräumungswort, kein
»Weil«, kein »Obwohl« steht, immer nur die uralten
»Und«, »Dann«, »Wenn« und »Als«, Gedichte, die je-
weils zugleich Erzählungen sind, Erzählungen, die wie-
derum all mein vorlautes Fragen beantworten mit dem
erleuchtenden Unsinn der jahrtausendalten chinesischen
koâns:

> Und sein kann's, einer fragt dich auf der straße,
> wann, meister, schreiben Sie ein funkelnagelneues
> buch?
> Und du wirst sagen, wenn's mal regnet,
> wenn ein schöner schlamm sein wird.

Und trotzdem läßt sich etwas wie das Wesen, der
Ursprung der Gedichte Jan Skácels andeuten. Also: Er-
zählungen von wissenschaftlichen Entdeckungen haben
ihren Angelpunkt in der Regel in einer Wendung wie:
»Plötzlich wußte ich …« Der Angelpunkt des Skácel-
schen Gedichts dagegen ist, wie ausdrücklich in dem
Gedicht ›Steigbügel‹:

> [...] und ich beklommen, dem weinen nah,
> und weiß plötzlich nicht [...]

das plötzliche Nicht-Wissen, das plötzliche Nicht-mehr-
Wissen; jenes plötzliche Nichtwissen erschien mir beim
Lesen, ebenso plötzlich, als der Ursprung eines jeden
Skácel-Gedichts. Und so bleibt es, ein für allemal: Das
Finden des Dichters, *seine* Art des Entdeckens als ein
plötzliches Nichtmehrwissen, *und* ein Übergehen ins Bild,
in die Farbe, den Takt.
Und wie erging es mir zuletzt mit dem Lesen? Etwas

sehr Seltenes ereignete sich, so selten wie die Ausrufe in den Gedichten Jan Skácels, wo das ›ach, der mutter augen‹, ›oh, ein kleiner David war ich‹, ›den kindern, den ach so verzweifelten‹ an den Fingern einer Hand abzuzählen ist: Ach, nur noch drei Gedichte bleiben mir zum Lesen, dachte ich Leser, und dann: Oh, nur noch zwei!, und dann: Ach, jetzt schon das letzte!

Und dann habe ich beschlossen, eins der Gedichte auswendig zu lernen, zum ersten Mal freiwillig, und werde nun versuchen, ob ich es kann (ein Meister im Auswendiglernen war ich nie):

Wo wir zu hause das salz haben

Lange war ich nicht zu haus.
Die mutter,
mit schuldbewußten augen,
begrüßte an der tür den seltenen besuch.
Der vater schloß das buch,
das schmal war wie die zeit,
die übrigblieb vom tag.

Sie setzten mich hinter den alten tisch,
schenkten himbeerwein ein.
Die linden blickten herein.
Am offenen fenster verneigte ich mich,
erstaunt, betrunken zu sein.

Knospe, Knöspchen, sag,
ist das denn möglich,
von einem fingerhut voll wein
und noch dazu aus himbeeren?

Dummkopf,
fingergroß von der erde,
so klein bist du daheim,

duftete direkt ins ohr die rose.

Mit einemal entsann ich mich,
wo wir zu hause das salz haben.

Zitiert aus: Jan Skácel, ›Fährgeld für Charon‹. Gedichte. Deutsch von Reiner Kunze. Hamburg 1967; Neuausgabe: Merlin-Verlag, Vastorf 1989.

inhalt

mit dem mund an der nachtangel hängend wie ein fisch

immer wenn du abends aufbettest

in den kronen der bäume gibt der wind nicht ruh